Prosperidad:
El Diseño Del Dios que Suple

Published by: MBG Publishing
© 2014, Marc Garcia. All Rights Reserved
ISBN: 978-0-9884703-3-0

ISBN 978-0-9884703-3-0

9 780988 470330

90000>

MESA DE CONTENIDO

UNA CARTA DESDE DR MARC

Hay un pueblo que está buscando más profundidad de la palabra de Dios. Muchos sienten en su corazón, que tiene que haber algo más.

Muchos pasan su vida buscando más y más. Más de esto y más de lo otro, pero el reto es que muchos están buscando algo que ya está disponible para ellos. Lo que se requiere es algo que el Apóstol Pablo nos surgiere, la renovación de nuestra mente.

Este tema de prosperidad se ha convertido en un tema muy tabú. Muchos lo han rechazado porque algunos han tomado el mensaje y lo han llevado a un nivel muy desbalanceado. Otros lo han tomado al extremo enfocándose en el dinero, pero en este libro vamos a ver algunas cosas muy importantes.

Primero, la prosperidad es el diseño del Dios que suple. La prosperidad no es solamente dinero, ni solamente espiritual, son las dos y más.

Mi deseo de compartir esta revelación esta en mi deseo de corregir ciertas cosas acerca del mensaje de prosperidad que hemos oído.

La palabra nos dice que el pueblo perece por falta de conocimiento. Esto es información vital para el crecimiento de cada uno. El pueblo perece porque la información vital para su crecimiento ha sido distorsionada en una manera que ha traído confusión, y no claridad.

No pretendo compartir el mensaje en su completa totalidad, pero si se, que esto es parte de lo que Dios desea compartir con usted.

Son Bendecidos,

Dr. Marc Garcia

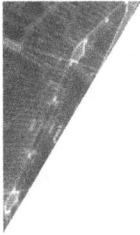

I

5 ÁREAS DE PROSPERIDAD

Conocimiento revelado es lo que el Apóstol Pablo llama, conocimiento exacto. Hay muchas cosas que nosotros creemos simplemente porque alguien de autoridad en nuestra vida nos la compartió. Pues como es una persona de autoridad nunca lo cuestionaríamos. Sin embargo hay una diferencia entre preguntar y cuestionar entre dudar, y no creer.

Cuando una revelación es presentada que no concuerda con lo que se nos ha enseñado tenemos que analizarlo. Como creyente, tenemos que discernir y tomar la decisión, si es la Palabra de Dios o no. Si es la palabra de Dios, pues no tenemos la ventaja en decir no lo voy a creer porque no concuerda con lo que esa otra persona me dijo.

La Palabra de Dios tiene que ir sobre cualquier autoridad, cualquier opinión. El resultado sería una revelación verdadera remplazando una verdad asumida.

Vamos a mirar lo que dice la Palabra de Dios acerca de la prosperidad. Vamos, por medio de la palabra, a probar o destruir algunas verdades asumidas.

¿Cuantos desean hacer la voluntad de Dios? Me imagino que cada uno. No pienso que hay persona que está leyendo esto, que no desea hacer la voluntad de Dios en su vida. Otra pregunta: Si descubres que es la voluntad de Dios prosperarte – ¿harías Su voluntad? Aquí es donde muchos se traban, porque tienen una percepción de lo que es la prosperidad. Tienen un paradigma que les reta aceptar que la prosperidad es para ellos.

Por esta razón, vamos a mirar la definición de prosperidad:

Según el diccionario de la Real Academia Española y Webster's Dictionary, la definición de prosperidad no menciona dinero sino es: el curso favorable de las cosas; un estado floreciente, de crecimiento y aumento. Ya que ahora tenemos la verdadera definición de la prosperidad podemos seguir con el mensaje.

Él diseño de Dios es suplirnos. Muchos dentro de las iglesias saben esto. Dios es nuestro suplidor. Más tarde hablaremos

¿Qué es lo que Él nos suple?

acerca de Jehová Jireh. Pues la pregunta ahora seria, ¿Qué es lo que Él nos suple? ¿Cuáles son las cosas que Él nos va a suplir?

Para poder contestar estas preguntas tenemos que regresar al comienzo de nuestra vida transformada - salvación.
La palabra salvación en el griego es "soteria" y quiere decir:

    i. Preservación
    ii. Seguridad
    iii. Liberación
    iv. La suma de todos los beneficios y bendiciones que los creyentes en

Cristo tienen como los redimidos de Él.

En otras palabras salvación es inclusiva. No es limitada a un área de nuestra vida. No es ser salvos en un área sí y en otra no. Somos preservados, seguros, libres, y tenemos como redimidos todos los beneficios que nos pertenecen en Cristo a nuestra disponibilidad.

Somos redimidos lo cual es: comprados por un precio. Ahora, el valor de lo que se paga es equivalente al valor de lo que se redime. Esto es un intercambio. El precio pagado es Cristo. En el libro de Juan capítulo 10 versículos 6 hasta el 10 dice:

Jesús les dijo esta alegoría; pero ellos no entendieron qué les quiso decir. Una vez más Jesús les dijo: De cierto, de cierto les digo: Yo soy la puerta de las ovejas. Todos los que vinieron antes de mí, son ladrones y salteadores; pero las ovejas no los oyeron. Yo soy la puerta; el que por mí entra, será salvo; y entrará y saldrá, y hallará pastos. El ladrón no viene sino para hurtar, matar y destruir; yo he venido para que tengan vida, y para que la tengan en abundancia.

La palabra abundancia se define como: superior o cierta cantidad o medida o rango o necesidad por encima, más de lo necesario, sobreañadido, mucho más abundantemente, supremamente algo más, más, mucho más que todo, más claramente superior, extraordinario, superando, poco frecuentes.

En su primera carta a la iglesia en Tesalonicenses Pablo cierra esta carta en el capítulo 5 versículo 23 diciendo:

Ahora, que el Dios de paz los haga santos en todos los aspectos, y que todo su espíritu, alma y cuerpo se mantenga sin culpa hasta que nuestro Señor Jesucristo vuelva.

La traducción de "haga santos," es la palabra que se utiliza también para perfecto. No es perfección en sí, sino madurez; un estado floreciente, aumento, crecimiento – en otras palabras prosperidad. La traducción mejor según el original   es:

Ahora, que el Dios de paz los PROSPERE en todos los aspectos, y que todo su espíritu, alma y cuerpo se mantenga PROSPERANDO hasta que nuestro Señor Jesucristo vuelva.

El precio fue pagado en 5 áreas para nosotros. Por lo cual el precio nos ha puesto en una posición de prosperar. La meta del sacrificio es para que nosotros prosperemos. (Recuerde ꞏ- definición no es lo que pensaba que era. Vamos a revisar la definición antes de seguir. Prosperidad es: el curso favorable de las cosas; un estado floreciente, de crecimiento y aumento.) Jesús vino para que nosotros podamos prosperar en 5 áreas. Cada área es de igual importancia, ninguno es mayor que el otro.

Vamos a hablar acerca de estas 5 áreas de la vida, quien Dios, Él que suple, desea que nosotros seamos prosperados; que llevemos cada área en un curso favorable, en crecimiento, aumento, un estado floreciente.

Numero uno es nuestro espíritu. Dios desea que nuestro espíritu prospere; que lo llevemos en un curso favorable, de crecimiento, aumento, un estado floreciente.
El salmista dice en Salmos 31:5:

En tu mano encomiendo mi espíritu; Tú me has redimido, oh Jehová, Dios de verdad.

El espíritu de una persona antes de conocer al Señor está en enemistad con Dios. Dios nos redime por medio del sacrificio de Cristo – redimido o puesto en relación de nuevo como era antes de venir a la tierra.

El espíritu recreado es el único de los 5 que es totalmente redimido. Restaurado en posición, relación, y capacidad con Él. Note lo que dice en Tito 3:4-7:

Pero: Cuando Dios nuestro Salvador dio a conocer su bondad y amor, él nos salvó, no por las acciones justas que nosotros habíamos hecho, sino por su misericordia. Nos lavó, quitando nuestros pecados, y nos dio un nuevo nacimiento y vida nueva por medio del Espíritu Santo. Él derramó su Espíritu sobre nosotros en abundancia por medio de Jesucristo nuestro Salvador. Por su gracia él nos declaró justos y nos dio la seguridad de que vamos a heredar la vida eterna. (NTV)

*Por su gracia él nos **DECLARO** justos.* La palabra "declaro," es en tiempo pasado. Ya usted, su espíritu es declarado justo el momento que acepto al Señor como su salvador. Lo interesante es que en el mensaje extremo de la prosperidad muchos dicen que cuando es mencionado prosperidad, es prosperidad de su espíritu. ¿Qué más prosperidad necesita su espíritu después de ser sacado de las garras del infierno? Esto es la suma de la prosperidad de su espíritu. ¡Ya fue prosperado! Ya llego al lugar de madurez, crecimiento, y tiene una GRAN promesa de un curso favorable.

La segunda área, el alma. Aquí tenemos que definir lo que es el alma, porque muchos lo confunden con el espíritu. El alma es el asiento de las emociones, intelecto y la voluntad de la persona. Es donde las decisiones son hechas, donde las emociones residen, donde el conocimiento humano reside. La prosperidad del alma es progresiva. Comienza en el momento de salvación y sigue mientras renovamos la mente. Ahora mismo mientras estás leyendo esto, o recibiendo la Palabra, tú alma está prosperando. Tú mente, o tu intelecto lo está analizando y entendiendo nuevas cosas. El Apóstol Pablo, habla de la renovación de la mente (prosperar – llevarlo a un curso favorable, crecimiento, aumento). En Romanos 12:2 dice:

No se amolden al mundo actual, sino sean transformados mediante la renovación de su mente.

Así podrán comprobar cuál es la voluntad de Dios, buena, agradable y perfecta.

Es interesante que el Apóstol anota una conexión entre la renovación de la mente (alma) y el poder aprobar la buena voluntad de Dios y hacerla. .

No entiendo lo que me pasa, pues no hago lo que quiero, sino lo que aborrezco...

Según el entender, es que mientras nuestra alma prospera, es cuando vamos a poder entender la voluntad de Dios y hacerla. Sin una prosperidad (el curso favorable de las cosas; un estado floreciente, de crecimiento y aumento) en nuestra alma, nunca vamos a poder entender la voluntad de Dios.

Pablo en un gran momento de transparencia dice lo siguiente en Romanos 7:

Sabemos, en efecto, que la ley es espiritual. Pero yo soy meramente humano, y estoy vendido como esclavo al pecado. No entiendo lo que me pasa, pues no hago lo que quiero, sino lo que aborrezco. Ahora bien, si hago lo que no quiero, estoy de acuerdo en que la ley es buena; pero, en ese caso, ya no soy yo quien lo lleva a cabo sino el pecado que habita en mí. Yo sé que en mí, es decir, en mi naturaleza pecaminosa, nada bueno habita. Aunque deseo hacer lo bueno, no soy capaz de hacerlo. De hecho, no hago el bien que quiero, sino el mal que no quiero. Y si hago lo que no quiero, ya no soy yo quien lo hace sino el pecado que habita en mí. Así que descubro esta ley: que cuando quiero hacer el bien, me acompaña el mal. Porque en lo íntimo de mi ser me deleito en la ley de Dios; pero me doy cuenta de que en los miembros de mi cuerpo hay otra ley, que es la ley del pecado. Esta ley lucha contra la ley de mi mente, y me tiene cautivo.

Su naturaleza pecaminosa no es del espíritu sino del alma. El apóstol describe sobre lo íntimo de su ser, él habla acerca de que su alma, intelecto y voluntad quería hacer algo pero su espíritu no estaba de acuerdo. ¿Por qué? Porque el espíritu prosperado o renovado no puede entender la mente que no es renovada. Tu espíritu quiere hacer una cosa pero tu alma quiere hacer otra. Es por esta razón que hay creyentes que todavía cometen errores. Sus almas siguen en el proceso de ser prosperados. (Llevado a un curso favorable, crecimiento, aumento).

Por ejemplo, el momento que usted acepta al Señor como Salvador y llega al altar para recibirlo, la escritura nos dice que somos una nueva criatura el momento que lo hacemos. Algo que no existió anteriormente. ¿Qué sucede? Cuando esa persona regresa a su silla, regresa con todas las memorias de su vida, todas sus inseguridades, todos sus temores. Cuando se levanta el próximo día, es muy probable que todo vaya a ser lo mismo. Si tuvo problemas con sus hijos, es probable que lo vayan a tener al día siguiente. La mayoría de las veces quizá los problemas se van a "sentir" aún más grandes. Esto es el resultado de un espíritu nuevo pero un alma en su infancia, comenzando a renovarse con memorias y experiencias de la vida que le han marcado positiva o negativamente.

En tercer lugar donde Dios ha diseñado que seamos prósperos, es en nuestro cuerpo. La prosperidad (el curso favorable de las cosas; un estado floreciente, de crecimiento y aumento) en nuestro cuerpo es sumamente importante para una larga vida. Puede ser dos cuerpos en lo cual Dios desea prosperarte. La primera es el cuerpo de Cristo donde tú estás conectado – tu iglesia. La segunda es tu propio cuerpo. Él nos ha dado la sabiduría en su palabra del cómo vivir y comer.
Romanos 12:1 nos dice:

Por lo tanto, hermanos, tomando en cuenta la misericordia de Dios, les ruego que cada uno de ustedes, en adoración espiritual, ofrezca su cuerpo como sacrificio vivo, santo y agradable a Dios.

Esto nos dice que nuestra adoración espiritual es ofrecer nuestro cuerpo como sacrificio vivo, santo (separado) y agradable a Dios.
Esto es en tipo y sombra del cordero que se sacrificaba en el Antiguo Testamento. Ese cordero tenía que ser sin mancha, no enfermo, ni maltratado, etc.
2 Corintios 6:16 y 17 nos dice:

¿En qué concuerdan el templo de Dios y los ídolos? Porque nosotros somos templo del Dios viviente. Como él ha dicho:

Viviré con ellos y caminaré entre ellos. Yo seré su Dios, y ellos serán mi pueblo. Por tanto, el Señor añade: Salgan de en medio de ellos y apártense. No toquen nada impuro, y yo los recibiré. Somos el templo o tabernáculo de Dios. La habitación del Dios viviente somos usted y yo.

En 3 Juan 1:2 la escritura famoso para la prosperidad dice: *Querido hermano, oro para que te vaya bien en todos tus asuntos y goces de buena salud, así como prosperas espiritualmente.*

Cuando el apóstol dice "así como" esto es una comparación. Le dice, "mire, yo deseo que tu cuerpo prospera con buena salud, tal como prospera tu espíritu."

Ahora ¿Cómo es que prosperamos en nuestro cuerpo? Si usted sabe que tiene alta presión, entonces no sería una buena idea o un curso favorable que usted comienza a comer comidas fritas cada día.

...tal como prospera tu espíritu...

Para muchos dentro del cuerpo de Cristo, los pensamientos acerca de su manera alimenticia tienen que cambiar. Ahora no estoy hablando de una dieta. La dieta no hace nada, solamente hace que pase hambre. A lo que me refiero es un cambio de mentalidad acerca de la comida.

Si eres como yo, te criaste en una casa donde tenías que terminar la comida que estaba en el plato. Si no, dos cosas sucedían. Primero, me forzaban a comer, porque había niños con hambre en otros países. Segundo, mama preguntando, "¿Qué paso no te gusto?"

Esto causo que Dios me enseñara que mi cuerpo puede ser prosperado, siempre y cuando cambio mi manera de pensar acerca de mi alimenticio. Está bien dejar un poco en el plato. No es mi responsabilidad, o no es mi deber recibir condenación por la condición de otro en otros países. También, sería importante comer porciones adecuadas.

Si notas, hay un tono por debajo acerca de la prosperidad del cuerpo y es que tenemos que cambiar nuestra manera de pensar.

En cuarto lugar, Dios desea que seas prospero en su vida social. Nuestra vida social es la vida que llevamos con otros. Dios desea que seamos prosperados en esta parte de nuestra vida, para que podamos amarnos unos a otros. Cuando operamos en ese amor estamos siendo prosperados en esta área de nuestra vida.

Jesus habla y nos da un poco de sabiduría en el libro de Mateo cuando dice;

Ustedes han oído que se dijo:

"Ama a tu prójimo[a] y odia a tu enemigo." Pero yo les digo: Amen a sus enemigos y oren por quienes los persiguen, para que sean hijos de su Padre que está en el cielo. Él hace que salga el sol sobre malos y buenos, y que llueva sobre justos e injustos. Si ustedes aman solamente a quienes los aman, ¿qué recompensa recibirán? ¿Acaso no hacen eso hasta los recaudadores de impuestos? Y si saludan a sus hermanos solamente, ¿qué, de más, hacen ustedes? ¿Acaso no hacen esto hasta los gentiles? Por tanto, sean perfectos, así como su Padre celestial es perfecto.

Es interesante que Cristo tuviera cosas en contra de los religiosos, pero nunca les dijo que los odiaba. No podrás encontrar un lugar donde Cristo dijo que odiaba. Cada confrontación fue hecha en amor.

Para nosotros el reto difícil es que no sabemos cómo manejar la confrontación con nuestros amigos, nuestros hijos, nuestros padres, nuestros cónyuges. A veces no entendemos que la confrontación es sana. Cuando llega al punto donde hay odio o enojo fuera de orden, entonces allí has cerrado la puerta a tu prosperidad en esta área. Recuerda, prosperidad es el curso favorable de las cosas, aumento y crecimiento.

Vamos a mirar un ejemplo de algo que sucedió en la Biblia que nos da un gran ejemplo de dos seres humanos cuyas acciones no permitieron que sus vidas sociales prosperaran. No se preocupe porque no es Jesús. Son unos discípulos que no mantuvieron su enfoque en el amor dentro de un desacuerdo.

Pablo y Bernabé tuvieron una historia de amistad. Los dos viajaron juntos. Fueron testigos de cómo Dios lo uso al uno y al otro. En sus viajes el primo de Bernabé fue con ellos y parece que él no le gusto viajar como misionero y se fue. ¡Sí!, el primo de Bernabé Juan Marco lo dejo en medio del viaje misionero. Entonces Pablo y Bernabé siguieron en ese viaje y regresaron. Pasó tiempo y estaban preparando otro viaje misionero y, ¿qué sucedió? Leemos en Hechos 15:36-39:

Algún tiempo después, Pablo le dijo a Bernabé: Volvamos a visitar a los creyentes en todas las ciudades en donde hemos anunciado la palabra del Señor, y veamos cómo están. Resulta que Bernabé quería llevar con ellos a Juan Marcos, pero a Pablo no le pareció prudente llevarlo, porque los había abandonado en Panfilia y no había seguido con ellos en el trabajo. Se produjo entre ellos un conflicto tan serio que acabaron por separarse. Bernabé se llevó a Marcos y se embarcó rumbo a Chipre, mientras que Pablo escogió a Silas. Después de que los hermanos lo encomendaron a la gracia del Señor, Pablo partió y viajó por Siria y Cilicia, consolidando a las iglesias.

Los dos tenían puntos en su argumento pero ninguno estaba listo para llegar a un compromiso para mantener la amistad. A veces para prosperar en la vida social tienes que rendir el derecho de estar en lo correcto. Para muchos, aquí es donde está el reto principal. Cada conflicto tiene en su raíz el deseo de ser conocido como el que está correcto. Ninguno quiere tomar responsabilidad de la posibilidad de estar incorrecto.

En toda la Biblia, después de esto nunca vemos a Pablo hablando con Bernabé.

Pues con esta reflexión ahora, ¿cómo prosperamos en nuestra vida social? En Tito 3:1-6 dice:

Recuérdales a todos que deben mostrarse obedientes y sumisos ante los gobernantes y las autoridades. Siempre deben estar dispuestos a hacer lo bueno: a no hablar mal de nadie, sino a buscar la paz y ser respetuosos, demostrando plena humildad en su trato con todo el mundo. En otro tiempo también nosotros éramos necios y desobedientes. Estábamos descarriados y éramos esclavos de todo género de pasiones y placeres. Vivíamos en la malicia y en la envidia. Éramos detestables y nos odiábamos unos a otros. Pero, cuando es manifestada la bondad y el amor de Dios nuestro Salvador, EL nos salvó, no por nuestras propias obras de justicia sino por su misericordia. Nos salvó mediante el lavamiento de la regeneración y de la renovación por el Espíritu Santo, el cual fue derramado abundantemente sobre nosotros por medio de Jesucristo nuestro Salvador.

Quinta área en nuestra vida en que Dios desea que seamos prosperados es en las finanzas. Dios desea que el curso favorable de las cosas se lleve a cabo también en nuestras finanzas. Esto no es tan solamente en el recibir sino también en la mayordomía del dinero. De nuevo, para cambiar la mentalidad acerca de la prosperidad esto es solamente una quinta parte de la prosperidad (el curso favorable de las cosas; un estado floreciente, de crecimiento y aumento) de Dios, pero es sí parte.

Vamos a tocar el gran asunto o como dicen; *el elefante blanco en el cuarto*; el dinero y el amor hacia ella. Primeramente, tenemos que entender que el dinero en si no es malo. Las personas que dicen; el dinero es malo, es equivalente en decir que el trabajo es malo. ¿Por qué? Porque cada día usted se levanta a trabajar para ganar que – ¡dinero! Si eres emigrante viniste a este país probablemente por la oportunidad de ¿qué? – ganar ¡dinero! Si el resultado de algo es pecado, pues lo que te dirija a eso tiene que ser pecado también. El dinero es solamente un instrumento de intercambio. A Dios no le da ninguna gloria cuando uno de sus hijos no puede pagar sus gastos. A Dios no le trae ninguna gloria en ver a sus hijos pasar por hambre por falta de – ya sabes – ¡dinero!

La clave es el AMOR al dinero. Miremos dos escrituras muy "famosas" para el uso de este tema. La primera es 1 Timoteo 6:10,17 que dice:

Porque el amor al dinero es la raíz de toda clase de males. Por codiciarlo, algunos se han desviado de la fe y se han causado muchísimos sinsabores. A los ricos de este mundo, mándales que no sean arrogantes ni pongan su esperanza en las riquezas, que son tan inseguras, sino en Dios, que nos provee de todo en abundancia para que lo disfrutemos.

Muchos se quedan en el versículo 10 y nunca sigue leyendo. El versículo 17 es clave porque nos exhorta a decirle a los ricos de este mundo que no sean arrogantes y que pongan su confianza en las riquezas, sino en Dios.

Note, que no nos dice, dile a los ricos del mundo que dejen todas sus riquezas, ni tampoco nos dice que digamos a los ricos de este mundo, que son unos pecadores que van al inferno por ser ricos. ¡NO! Sino que pongan su confianza en DIOS. Mira lo que continua diciendo, que nos PROVEE TODO en abundancia para que – miren esto – para que lo disfrutemos. En otras palabras Dios nos provee TODO para que lo podamos disfrutar, no para que nos sintamos condenados. No para que nos sentemos en una esquina a amontonar lo que Él nos da. ¡Para que lo disfrutemos!

La segunda escritura es Hebreos 13:5 que dice:

Manténganse libres del amor al dinero, y conténtense con lo que tienen, porque Dios ha dicho: Nunca te dejaré; jamás te abandonaré.

Quizá piensas, "ahora si apóstol – ahora, ¿qué va a decir?" Gracias por preguntar. Primero dice que nos mantengamos libre del AMOR al dinero, no que nos mantengamos SIN dinero. Nos dice líbrense del amor al dinero y se contentó con lo que tienes, porque Dios nunca te dejara o abandonara. Para poder entender la profundidad de esta escritura tenemos que entender el contexto. Ahora no hablo del contexto que son 3-4 escrituras antes y después, sino el contexto de la carta de Hebreos escrito por (muchos creen) Pablo. Los hebreos estaban pasando por mucha persecución acerca de su fe. Antes de ellos convertirse, eran personas influyentes. Eran personas que cuando decían algo, todos en su alrededor estaban listos a escucharlos. Los hebreos estaban a punto de abandonar la fe porque no habían visto la manifestación de lo que ellos estaban esperando. Con todo esto en mente el enfoque no era necesariamente el amor al dinero, lo cual sí es malo, sino era la confianza. Por esta razón termina el versículo diciendo Dios NUNCA te abandonara, ni te dejara.

Ahora, ¿Qué es el amor al dinero? El amor al dinero es cuando una persona, menosprecia las cosas que son verdaderamente importantes, como familia, para amontonar más y más dinero. En otras palabras persigue el dinero con un afán. La palabra "amor" allí no es amor fraternal, ni es amor incondicional. La palabra traducida por amor en estas escrituras es lascivia. Lascivia es una pasión desordenada. Según el Diccionario de la Real Academia Española es: propensión a los deleites carnales; apetito inmoderado de algo.

> ...el dinero en si no es malo.

Cuando hay un apetito inmoderado, una propensión a los deleites carnales para el dinero es cuando es el amor al dinero.

Ahora de manera práctica esto se manifiesta en los siguientes ejemplos:
- una persona casado(a) que se olvida de su familia y trabaja 3 trabajos para darle cosas materiales como muestra de amor.
- una persona que deja su tiempo devocional para ir a trabajar un segundo o tercer trabajo cuando verdaderamente no lo necesita.

- una persona que toma decisiones totalmente dirigido porque lo que puede ganar en sueldo o dinero.

El diseño de Dios es de suplir cada necesidad y prosperidad. (El curso favorable de las cosas, crecimiento y aumento). Cristo hablo e hizo lo que el Padre le dijo que dijera e hiciera. En las parábolas de Jesus 11 de 39 de ellas hablan de dinero o finanzas. El tema de mayordomía en la parábola de los talentos es un gran ejemplo de esto. En Lucas capítulo 4 versículo 4 dice, No solamente de pan, pero cada palabra de la boca de Dios. Pues la pregunta que sigue esto es, ¿Qué dijo Dios? Pues vemos en Deuteronomio 8:18 dice:

Acuérdate del Señor tu Dios. Él es quien te da las fuerzas para obtener riquezas, a fin de cumplir el pacto que les confirmó a tus antepasados mediante un juramento.

¿De qué juramento está hablando? Hebreos 6:13-14 nos dice ese juramento:

Como no existía nadie superior a Dios por quién jurar, Dios juró por su propio nombre, diciendo: Ciertamente te bendeciré y multiplicaré tu descendencia hasta que sea incontable.

La palabra bendecir, no es solamente extender una bendición espiritual sino incluye todo que se llevó en la cruz del calvario. Él se hizo pobre para que nosotros pudriéramos ser ricos o prósperos.

Dame un corazón comprensivo para que. . .

¿Qué más dijo o hizo Dios? En 1 Reyes 3:7-15 vemos la historia de un heredero del rey David, y lo que DIOS mismo proclama sobre él.

Ahora pues, Señor mi Dios, tú me has hecho rey en lugar de mi padre David, pero soy como un niño pequeño que no sabe por dónde ir. Sin embargo, aquí estoy en medio de tu pueblo escogido, ¡una nación tan grande y numerosa que no se puede contar! Dame un corazón comprensivo para que pueda gobernar bien a tu pueblo, y sepa la diferencia entre el bien y el mal. Pues, ¿quién puede gobernar por su propia cuenta a este gran pueblo tuyo?

Al Señor le agradó que Salomón pidiera sabiduría. Así que le respondió: —Como pediste sabiduría para gobernar a mi pueblo con justicia y no has pedido una larga vida, ni riqueza, ni la muerte de tus enemigos, ¡te concederé lo que me has pedido! Te daré un corazón sabio y comprensivo, como nadie nunca ha tenido ni jamás tendrá. Además, te daré lo que no me pediste: riquezas y fama. Ningún otro rey del mundo se comparará a ti por el resto de tu vida. Y si tú me sigues y obedeces mis decretos y mis mandatos como lo hizo tu padre David, también te daré una larga vida.

Entonces Salomón se despertó y se dio cuenta de que había sido un sueño. Volvió a Jerusalén, se presentó delante del arca del pacto del Señor y allí sacrificó ofrendas quemadas y ofrendas de paz. Luego invitó a todos sus funcionarios a un gran banquete.

Dios le habla a Solomon, hijo de David, en un sueño y todo lo que le dijo en ese sueño sucedió. Era la voluntad de Dios en un sueño.

Pablo dice en Filipenses 4:18-19 dice lo siguiente:

Por el momento, tengo todo lo que necesito, ¡y aún más! Estoy bien abastecido con las ofrendas que ustedes me enviaron por medio de Epafrodito. Son un sacrificio de olor fragante aceptable y agradable a Dios. Y este mismo Dios quien me cuida suplirá todo lo que necesiten, de las gloriosas riquezas que nos ha dado por medio de Cristo Jesús.

En otras palabras el apóstol Pablo le dice, "Dios te uso para suplirme, y ese Dios que te uso para suplirme en mis necesidades, también Él va a suplir TODO lo que tú necesitas según sus riquezas EN GLORIA en Cristo Jesús".

Sus riquezas en gloria son simplemente las riquezas obtenidas por medio del sacrificio de Cristo. ¿Qué son esas riquezas? Que seamos prosperados en las 5 áreas de nuestra vida:

v. Espíritu
vi. Alma
vii. Cuerpo
viii. Vida Social
ix. Finanzas

Es tiempo que el cuerpo de Cristo entienda esto y que tenga una revelación de lo que es Su voluntad.

En los capítulos que siguen vamos a ver un poco más del diseño de Aquel quien suple. Vamos a regresar al comienzo en Edén para ver cómo es que Él suple, para poder identificar como podemos prosperar en nuestro caminar en estas 5 áreas de nuestra vida.

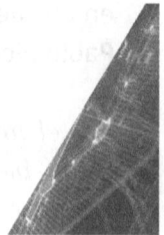

II

REGRESAMOS AL COMIENZO

En resumen hemos aprendido juntos lo siguiente:

Prosperidad NO es dinero, ni se mide en dólares y centavos sino que es el curso favorable de las cosas; un estado floreciente, de crecimiento y aumento.

Si la prosperidad es un curso favorable de las cosas, un estado floreciente, de crecimiento y aumento en un área, pues tenemos que regresar al comienzo para saber desde donde comenzamos. En donde comienza el crecimiento y aumento. No vamos a regresar a tu nacimiento físico sino al comienzo de todo y desde allí seguiremos. Lo que me gusta llamar el Génesis, lo cual es la palabra para "el comienzo". En el libro de Génesis capítulo 2 versículos 7 hasta el 9 dice lo siguiente:

Luego el Señor Dios formó al hombre del polvo de la tierra. Sopló aliento de vida en la nariz del hombre, y el hombre se convirtió en un ser viviente.

Después, el Señor Dios plantó un huerto en Edén, en el oriente, y allí puso al hombre que había formado. El Señor Dios hizo que crecieran del suelo toda clase de árboles:

árboles hermosos y que daban frutos deliciosos. En medio del huerto puso el árbol de la vida y el árbol del conocimiento del bien y del mal. En el verso 7 habla de que Adán fue creado desde el polvo de la tierra. En el verso 8 "planto" es la palabra para establecer. Él estableció un jardín o huerto y después que el hombre fue formado Él PUSO (tomar de un lugar y colocar en otro) Adán en el huerto de Edén. Contrario a lo que muchas creen, Adán fue creado y DESPUES puesto en el Edén. Él no fue creado en el Edén. Fue creado del polvo de la tierra y Dios lo puso en el jardín.

Cuando Adán peco fue expulsado desde el huerto y puesto de nuevo desde donde fue creado. En Génesis 3:23 nos dice: *Así que el Señor Dios los expulsó del jardín de Edén y envió a Adán a cultivar la tierra de la cual él había sido formado.*

Adán fue creado y después puesto en el Edén

Esto es importante cuando entendemos que dentro del huerto estaba todo lo que necesitaba. En Génesis 2 verso 15 Dios le da el mandato de cultivar el huerto, lo cual quiere decir utilizarlo para su beneficio y le añade cuidar el huerto que quiere decir protegerla, proveer protección.

Dios le puso como guardaespaldas del huerto. ¿Por qué? Porque el huerto lo tenía todo. Los árboles que él podía comer; incluyendo el árbol famoso que estaba allí. En otras palabras dentro del huerto todo esta suplido. Aun el huerto es donde Dios suplió la mujer idónea para él. En el huerto es donde Dios puede proveer tu ayuda idónea. Eva salió desde Adán mientras él estaba en el huerto.

Estaba tan buena la cosa que Dios y él comienzan a dialogar y a colaborar en nombrar la creación. Imagínese, Dios y

Adán juntos colaborando. Dios diseño el huerto con un rio que salía desde el huerto y se dividía en 4 ramales y cada uno tenía un mangar de riquezas. Miramos a En Génesis 2:9-14:

El Señor Dios hizo que crecieran del suelo toda clase de árboles: árboles hermosos y que daban frutos deliciosos. En medio del huerto puso el árbol de la vida y el árbol del conocimiento del bien y del mal. Un río salía de la tierra del Edén que regaba el huerto y después se dividía en cuatro ramales. El primero, llamado Pisón, rodeaba toda la tierra de Havila, donde hay oro. El oro de esa tierra es excepcionalmente puro; también se encuentran allí resinas aromáticas y piedras de ónice. El segundo, llamado Gihón, rodeaba toda la tierra de Cus. El tercero, llamado Tigris, corría al oriente de la tierra de Asiria. El cuarto se llama Éufrates.

El primer rio se llama Pisón que significa, miren esto, aumento - sostenía el lugar llamado Havilah donde había mucho oro. Sí -oro. El oro de esa tierra es excepcionalmente puro; también se encuentran allí resinas aromáticas y piedras de ónice. El segundo rio es Gihón que quiere decir rebozar – reventando, daba vida a la tierra de Cus que fue considerado un lugar secular. Es en este lugar donde sucedió la historia que compartimos de Solomon. El tercer rio es el Tigris que significa acelerado, o rápido, sostenía la tierra de Asiria. La cuarta es Éufrates que quiere decir fructífero, productivo. Éufrates se menciona de nuevo en Génesis 15:18, que fue donde Dios hablo a Abraham acerca de su herencia. Entonces el Señor hizo un pacto con Abram aquel día y dijo: «Yo he entregado esta tierra a tus descendientes, desde la frontera de Egipto[a] hasta el gran río Éufrates. Se menciona otra vez en Josué 1:4-5 y entonces el famoso Deuteronomio 11:24 el lugar donde piza tus pies seria tuyo. En 2 Samuel 8:3 David recupero su posesión desde la costa del Éufrates.

Ahora tuvimos que analizar esto porque es importante entender el génesis de la cosa. Si entendemos el comienzo de algo podemos entender la razón de lo que sucedió anteriormente.

En Romanos 5:12-19 el Apóstol Pablo nos está diciendo algo muy importante. Nos da el resumen de lo que sucedió con Cristo y al lugar adonde Dios nos ha restaurado. Dice en Romanos 5 lo siguiente:

Por medio de un solo hombre el pecado entró en el mundo, y por medio del pecado entró la muerte; fue así como la muerte pasó a toda la humanidad, porque todos pecaron. Antes de promulgarse la ley, ya existía el pecado en el mundo. Es cierto que el pecado no se toma en cuenta cuando no hay ley; sin embargo, desde Adán hasta Moisés la muerte reinó, incluso sobre los que no pecaron quebrantando un mandato, como lo hizo Adán, quien es figura de aquel que había de venir.
Pero la transgresión de Adán no puede compararse con la gracia de Dios. Pues si por la transgresión de un solo hombre murieron todos, ¡cuánto más el don que vino por la gracia de un solo hombre, Jesucristo, abundó para todos! Tampoco se puede comparar la dádiva de Dios con las consecuencias del pecado de Adán. El juicio que lleva a la condenación fue resultado de un solo pecado, pero la dádiva que lleva a la justificación tiene que ver con una multitud de transgresiones. Pues si por la transgresión de un solo hombre reinó la muerte, con mayor razón los que reciben en abundancia la gracia y el don de la justicia reinarán en vida por medio de un solo hombre, Jesucristo. Por tanto, así como

una sola transgresión causó la condenación de todos, también un solo acto de justicia produjo la justificación que da vida a todos. Porque así como por la desobediencia de uno solo muchos fueron constituidos pecadores, también por la obediencia de uno solo muchos serán constituidos justos.

Comienza con el pecado de Adán, la ley es constituida, Dios tiene el plan desde ese entonces de enviar alguien que puede restaurar lo que Adán hizo. (Génesis 3) Ahora por medio de Jesucristo somos constituidos justos. Quizás para algunos esto no es tan gran cosa. Lo que quiere decir, es que por medio de Cristo, el momento en que tú aceptas al Señor como tu Salvador único, mediante la fe que tienes en Su sacrificio, en ese momento eres juzgado, y restaurado. ¡Ya no vas a ser juzgado de nuevo! Como fue escrito en la carta a los Corintios eres una nueva criatura. Esto quiere decir que tú eres algo nuevo, eres nacido de nuevo, cuando aceptas al Señor.

...tú eres algo nuevo, eres nacido de nuevo, cuando aceptas al Señor.

Esencialmente somos "restaurados". La palabra restaurar es renovar o volver a poner algo en el estado o estimación que antes tenía. Ahora la clave es, que cuando se habla de nuestra restauración, el único que nos puede restaurar es nuestro Creador. Él es el único que sabe el estado o estimación que antes teníamos.

¿Qué tiene que ver esto con la prosperidad? ¿Qué tiene que ver la restauración con el curso favorable de las cosas; un estado floreciente, de crecimiento y aumento? Dios desea tanto tu prosperidad que fue demostrado claramente en Su acto de enviar a Cristo. En el gran acto de amor de nuestro Dios de recuperar o pagar el precio para restaurarnos Él demuestra su naturaleza para prosperarnos. (Recuerda el enfoque no es solamente dinero.)

Sin redención, nos quedaríamos en nuestro pecado, nuestra vida sin Él, nuestra vida sin un Salvador. Sería una vida sin restauración. Una vida sin la oportunidad de ser puestos en la posición original del Diseñador.

Ahora la pregunta queda, la posición original, ¿dónde es? ¿Dónde es ese lugar o posición original a la cual somos restaurados? Como seres humanos venimos a la tierra con la naturaleza pecaminosa y tenemos que ser restaurados por medio de salvación. La posición original es en relación con el Padre. La razón principal de la venida de Cristo es para restaurar a aquellos que creen en Él. Una posición de intimidad y dependencia. ¿Dónde es eso? Para saber esto tenemos que regresar al comienzo de todo.

El primer Adán fue creado en amistad con Dios. Él tenía intimidad, compartía, y aun colaboraba con Dios en la nombrar la creación. Hay algo interesante aquí – es que Adán vino desde la tierra al paraíso en Edén. En otras palabras, Adán fue creado fuera del huerto de Edén y no fue hasta después que Dios lo puso en el huerto. Ahora en comparación (tipo y sombra), el último Adán (Cristo) vino desde el paraíso o huerto de Dios a la tierra. Esto fue para al final restaurarnos por medio de Él al lugar del paraíso, el lugar donde todo es suplido.

Cuando los discípulos y Jesús tuvieron una conversación acerca de cómo orar, la primera cosa que Jesús les dice que pidamos es que Su reino sea cumplido aquí en la tierra como lo es en el cielo.

Jesús les estaba demostrando el plan de restauración. El plan de redención al lugar del huerto de Edén en alegoría donde TODO ESTA SUPLIDO.

Dios es tu Diseñador, te ha puesto en la tierra para que prosperes en Él (Cristo). Fuera de Él hay un vacío que no se puede llenar. Él envió su Hijo para que podamos tener una vida en abundancia. En Juan 10:9-10 nos dice: *Yo soy la puerta; el que por mí entrare, será salvo; y entrará, y saldrá, y hallará pastos. El ladrón no viene sino para hurtar y matar y destruir; yo he venido para que tengan vida, y para que la tengan en abundancia.*

Ahora vamos a mirar más a lo profundo de esta palabra. Cuando versículo 9 menciona "será salvo" habla de que nos mantendrá SEGUROS, fuera de cualquiera destrucción. "Entrara" es tipo y sombra de Deuteronomio 28:6 que dice que serás bendito en tu entrada y en tu salida. "Hallara pastos" que es la palabra en griego "nome" que es crecer o aumentar o como estamos hablando - ¡PROSPERIDAD!

Seguimos con el versículo 10 que dice, "ladrón" y según el original esto NO SIGNIFICA DIABLO, ni enemigo. La palabra describe un estafador o líder. Ahora el significado de las otras palabras son lo siguientes:

Robar – robar

Matar – sacrificar

Destruir – ser inútil, arruinar.

Vida – zoe - plenitud absoluta de la vida.

Abundancia - superior, extraordinario, superando, fuera de común.

¿Qué podemos concluir con lo que nos está diciendo aquí? Miremos según lo que acabamos de compartir y amplificando la escritura usando las palabras que dice en el original:

Yo soy la puerta; el que entre por esta puerta, que soy yo, será salvo, seguros fuera de cualquier destrucción. Se moverá con entera libertad, seré bendito en el entrar y en el salir y hallará pastos, crecerá y aumentara o PROSPERARAS. El ladrón, no diablo si no aquel que hable anteriormente el estafador no viene más que a robar, matar o sacrificar y destruir ser inútil arruinar el propósito de la oveja; yo he venido para que tengan vida; plenitud de vida, y que tengan este plenitud de vida en una manera superior, extraordinario, fuera de común.

Aquí dice el líder que viene para destruir o invalidar su propósito es un ladrón. El estafador viene para minimizar el propósito de aquella cosa que esta restaurada por medio de Cristo, quien es la puerta.

Cuando conoces tú propósito, cuando entiendes por qué naciste, entonces comienzas a prosperar en las áreas de tu vida.

Dios te ha restaurado a Edén. En el Edén esta todo lo que necesitas, pero si te encuentras en un lugar donde te falta mucho puede ser que no es tu Edén.

Hay un lugar donde Dios se manifestara como tu suplidor.

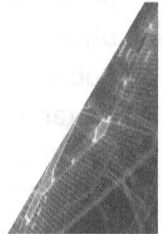

III

JEHOVÁ JIREH

Dentro del Cuerpo de Cristo hay algunas cosas que ha plagado y menguado el entendimiento de la Palabra de Dios para los hermanos. Los nombres que revelan el carácter de Dios es uno de estas. Muchos le han puesto nombres a Dios que no originaron de Él sino otra cosa.

Tradicionalmente existen 7 nombres de Dios. Un análisis detallado nos demuestra que solamente 3 de ellos son nombres que revelan Su **carácter**.

Éxodo 50:26 – Jehová Rafa – el sanador
Salmos 23:1 - Rahi – el buen pastor
Jeremías 23:6 Tsidikenu – la Justicia

Otros son nombres de **lugares:**

Jueces 6:24 - Shalom – Jehová es Paz.
Éxodo 17:15 – Nissi – Jehová es mi bandera
Ezequiel 48:35 - Shama - Jehová está presente

Los lugares siempre han sido importantes para Dios. Algunos ejemplos de lugares importantes para Dios son Getsemaní, el tabernáculo, el camino a Damasco, la piscina de Betesda.

Como estos lugares son importantes para Dios deben ser importantes para el Cuerpo de Cristo. Tu iglesia es un lugar especial, ese lugar es el lugar donde usted puedo oír la voz de Dios. Tu lugar de oración es otro lugar importante porque allí también tendrás la oportunidad de oír la voz de Dios.

Hay un lugar que es comúnmente conocido como el nombre séptimo de Dios, que en si no es un nombre sino un lugar. Es el famoso Jehová Jireh. La historia de este nombre es muy importante para poder entender el lugar y el papel que esto toma en nuestro estudio acerca del diseño del Dios que suple.

Génesis 17:19 habla de un pacto que Dios hizo con Abraham:

Respondió Dios: Ciertamente Sara tu mujer te dará a luz un hijo, y llamarás su nombre Isaac; y confirmaré mi pacto con él como pacto perpetuo para sus descendientes después de él.

De lo que podemos ver Isaac nació en un lugar llamado Canaán. Más tarde, para los israelitas esto vino a ser la Tierra Prometida, según la promesa y profecía que Dios le dio a Abraham en Génesis 17:8. Esto fue parte de la misma conversación entre Dios y Abraham sobre la venida de su hijo Isaac.

Ahora en toda la historia de Abraham y su camino hacia el lugar de sacrificio, nunca vemos a Abraham hablando acerca de muerte. Vemos en Génesis 22:5-6 lo siguiente:

Entonces dijo Abraham a sus siervos: Esperad aquí con el asno, y yo y el muchacho iremos hasta allí y adoraremos, y volveremos a vosotros. Y tomó Abraham la leña del holocausto, y la puso sobre Isaac su hijo, y él tomó en su mano el fuego y el cuchillo; y fueron ambos juntos.

Abraham tuvo su confianza en la certeza de que Dios iba a proveer un sacrificio, aun sabiendo dentro si mismo que sería el sacrificio.

La persona que acaba de hacerle la pregunta era el sacrificio. La verdad es que Abraham no mintió. Dios ciertamente proveyó el sacrificio – quien en ese momento fue Isaac.

Según lo que nos dice la Palabra de Dios, fueron a un monte lejos. El monte se llama el monte Moriah.

Moriah significa escogido por Jehová.

Aunque la biblia dice que vaya a uno de las montañas en Moriah, el original no hace uso de la palabra montana plural sino singular. Es otro lugar importante porque es aquí donde el rey Solomon edificó el templo. Moriah significa escogido por Jehová.

Allí están los dos listos para el sacrificio. Abraham había preparado el altar, y su hijo Isaac esta sobre ella. Solo podemos imaginarnos como se sentirían los dos. Abraham estaba a punto de matar la promesa que Dios le había dado, en el lugar escogido por Jehová (Moriah). De momento un ángel se aparece y le dice a Abraham que no le hiciera nada al muchacho. Es en este momento que la Palabra de Dios dice que Abraham levanto sus ojos y allí estaba el sacrificio que sustituiría a Isaac en el zarzal.

En Genes 22:14 es donde nos ensena que Abraham nombró el lugar:

Y llamó Abraham el nombre de aquel lugar, Jehová proveerá. Por tanto se dice hoy: En el monte de Jehová será provisto.

¿Lo captaron? Abraham llamo el **LUGAR** Jehová Jireh, no es que así llamo al Creador. Lo interesante en que muchos no se fijan es la segunda parte de esa escritura que dice, "En el monte de Jehová será provisto." Recuerda el monte se llama el monte Moriah que significa "escogido por Jehová."

Muchas veces esperamos la manifestación para entonces creer que el milagro sucedió, pero el milagro no sucede en el lugar de manifestación, sino en el punto de tu creer. En el lugar escogido por Dios es donde la provisión esta. Las promesas de Dios son sí y amen acerca de este asunto.

No es el lugar de provisión sino, el lugar donde tú sabes – que tú sabes – que va a suceder como Dios te lo dijo. Es el lugar donde las decisiones de fe son hechas. Es el lugar donde decides en fe que vas a ser prosperado en cada área de tu vida.

Hay muchos que desean prosperar (experimentar el curso favorable de las cosas; un estado floreciente, de crecimiento y aumento) pero nunca toman el tiempo para preguntar, "¿Señor es este lugar mi Jehová Jireh (el lugar donde Dios proveerá)? ¿Señor es este mi monte Moriah?" Quizás piensas que esto no suena muy práctico para ti hoy en día.

Vamos a ponerlo en términos de hoy. Puedes preguntar, "¿Señor es este trabajo mi Jehová Jireh, o es una distracción? O ¿Señor este ministerio es mi monte Moriah?" Si tan solamente haces estas dos preguntas y esperas una contestación, veras que tu vida entrara no solamente en orden sino también – prosperidad (el curso favorable de las cosas; un estado floreciente, de crecimiento y aumento).

Dentro de la Palabra de Dios hay otros lugares de Jehová Jireh.

En Mateo 9:20-21 nos enteramos de la mujer con el flujo de sangre.

Justo en ese momento, una mujer quien hacía doce años que sufría de una hemorragia continua se le acercó por detrás. Tocó el fleco de la túnica de Jesús porque pensó: "Si tan solo toco su túnica, quedaré sana".

Hemos visto y aun hemos sido parte de dramas que pintan la escena de esta situación, que al momento de tocar el borde del manto de Jesús fue sanada. Escúchenme hijos de Dios, esto no es cuando ella fue sanada. Ella se apropió de su sanidad, cuando ella oyó de Jesus y decidió que su fe era suficiente para ver el milagro. Creer por el milagro es preámbulo de la manifestación del milagro. No hay fe ejercitada para creer cuando ya sucede, se necesita ejercitar fe para creer cuando no ha llegado tu milagro y tienes que mantenerte firme hasta que suceda.

Otro Jehová Jireh se encuentra en Marcos 10:46-50.

Después llegaron a Jericó y mientras Jesús y sus discípulos salían de la ciudad, una gran multitud los siguió. Un mendigo ciego llamado Bartimeo (hijo de Timeo) estaba sentado junto al camino. Cuando Bartimeo oyó que Jesús de Nazaret estaba cerca, comenzó a gritar: "¡Jesús, Hijo de David, ten compasión de mí!".

"¡Cállate!", muchos le gritaban, pero él gritó aún más fuerte: "¡Hijo de David, ten compasión de mí!". Cuando Jesús lo oyó, se detuvo y dijo: "Díganle que se acerque". Así que llamaron al ciego. "Anímate —le dijeron—. ¡Vamos, él te llama!". Bartimeo echó a un lado su abrigo, se levantó de un salto y se acercó a Jesús.

Bartimeo es calificado ciego. Cada persona con una discapacidad es marcada con un manto o abrigo. El abrigo le dejaba saber a todos que él era ciego. Cuando Jesus lo llama la PRIMERA COSA que él hace es tirar a un lado su abrigo. Su abrigo de limitación, su abrigo de discapacidad, su abrigo de condenación, su abrigo de rechazo.

...la primera cosa que él hace es tirar a un lado su abrigo.

Tu Jehová Jireh es hoy. Puede ser allí, el lugar donde tú estás leyendo esto ahora. Tu alma está siendo prosperada.

Tal como Abraham, quizás pensaste que fuiste obediente en hacer algo, pero Dios te ha traído a este libro y el lugar donde estés para proveerte algo. Para proveerte algo que puede impactar tu corazón para siempre.

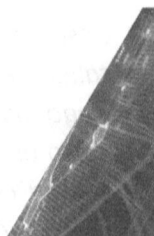

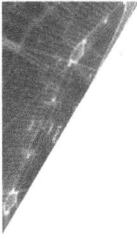

IV

LA PROVISIÓN DENTRO DE LA PROSPERIDAD

Si le pregunto a cada persona con una visión, "¿Qué es la necesidad primordial que tienes en tu visión?" La contestación va a ser un 90% de las veces – falta de provisión. Falta de provisión de recursos, no solamente financiera pero personas, equipos, herramientas.

Cada empresario que desea lanzarse en su nueva empresa, tiene como reto falta es provisión. La falta de muchas madres solteras que desean enviar a sus hijos a la universidad es provisión. Por cada esposo que desea ver sus deportes en una pantalla de televisión grande en vez de la pequeña que tiene, está en necesidad de provisión. Para cada joven que tiene deseos de jugar un deporte, se requieren recursos.

Tienen una visión, tienen algo que desean ver, tienen algo que aun quizás les mantiene sin poder dormir, y solo lo que le falta es provisión.

Había un hombre que no tenía muchos recursos financieros y tenía la visión de ir de vacaciones en un crucero. Él comenzó a guardar sus "centavitos" como dicen, y aun dejando de diezmar para ahorrar para su crucero. Cuando llegó el tiempo de comprar su boleto, él fue a la agencia de viaje e hizo su reservación para su crucero. Solo le quedaba un mes antes de salir en el crucero tan deseado. Por fin lo logro.

Durante ese mes decidió amontonar botes de atún para comer en su viaje porque él presupuesto que el hizo no era suficiente para cubrir los gastos de comida también.

¡Por fin llego el día de su crucero! Muy emocionado, con toda su ropa y botes de atún se presentó y abordo el barco del crucero. Cada día de los 7 días del crucero él estaba en su cuarto comiendo su comida nutritiva pero limitada. Al último día un empleado del crucero lo visito a su cuarto para averiguar si todo estaba bien. Quería asegurarse que el pasajero no iba a perderse el último evento del crucero, la cual era una fiesta grande para todos. Cuando el hombre abrió la puerta y le conto que no podría ir porque no tiene dinero suficiente para participar, el empleado del crucero se asombró. Le dice, "¿Señor, seguramente usted no espero que la línea de cruceros les cobrara de más por este evento? ¡El costo de todo estaba incluido en la tarifa que pago, al igual que las comidas!"

Es el sustento, recurso, o mantenimiento para la visión.

Provisión es, según la definición, prevención de mantenimientos, caudales u otras cosas que se ponen en alguna parte para cuando hagan falta. **¡¡NO ES SOLAMENTE DINERO!!**

Es el sustento, recurso, o mantenimiento para la visión. Es el "COMO" puedes prosperar - aumentar, crecer, curso favorable de las cosas y lograr la visión.

En este capítulo vamos a mirar tres maneras que la Biblia nos enseña acerca de la provisión. No pretendo decirte que estos son todos, pero sí son tres.

La primera es simplemente como te conté en la historia anterior - ¡la provisión ya está allí! Vamos a mirar a Josué 18:1-6 que dice:

Ahora que la tierra estaba bajo el control de los israelitas, toda la comunidad de Israel se reunió en Silo y levantó el tabernáculo. Sin embargo, aún había siete tribus a las que no se les había asignado sus porciones de tierra. Entonces Josué les preguntó: « ¿Cuánto tiempo más van a esperar para tomar posesión del resto de la tierra que el SEÑOR, Dios de sus antepasados, les ha dado? Elijan a tres hombres de cada tribu, y yo los enviaré a que exploren la tierra y tracen un mapa de ella. Cuando regresen, me traerán un informe escrito con la división que proponen para repartir la nueva tierra que será su hogar. Que dividan la tierra en siete partes sin incluir el territorio de Judá, en el sur, ni el de José, en el norte. Y cuando tengan por escrito las siete divisiones de la tierra y me las traigan, haré un sorteo sagrado en presencia del SEÑOR nuestro Dios para asignarle tierra a cada tribu.

Esta es la historia de lo que sucedió después de que Josué junto al pueblo de Israel, destruyo más de 50 naciones para tomar posesión de la Tierra Prometida. La clave aquí es tierra "prometida". Esto quiere decir que alguien se lo prometió a ellos. Esa persona según lo que dice Josué fue DIOS.

Después de todo esto hubo 7 tribus que no tomaron posesión de la tierra que se les dio. Era de ellos, pero no tomaron posesión de ella. Podemos asumir que fue por diferentes razones, vagancia, temor, falta de interés, o posiblemente fue que se sentían demasiado cómodos donde estaban. Cualquiera que sea la razón, no estaban tomando posesión. Esto nos deja saber que hay dos partes de la provisión; 1. La provisión dada, y puesta a la disponibilidad de uno. 2. Uno tomando posesión de ella.

Tenemos que entender como el hombre en el crucero, que ya DIOS ha hecho provisión, y ahora requiere que tomemos posesión de ella.

La segunda parte de la provisión es que ¡ya la provisión está en ti! Miremos a una historia en 2 Reyes que muchos pasan por alto. En 2 Reyes 4:1-7 nos cuenta la historia la viuda. Leamos:

Cierto día, la viuda de un miembro del grupo de profetas fue a ver a Eliseo y clamó: Mi esposo, quien te servía, ha muerto, y tú sabes cuánto él temía al SEÑOR; pero ahora ha venido un acreedor y me amenaza con llevarse a mis dos hijos como esclavos. — ¿Cómo puedo ayudarte? —Preguntó Eliseo—. Dime, ¿qué tienes en tu casa?—No tengo nada, sólo un frasco de aceite de oliva —contestó ella.

Entonces Eliseo le dijo: —Pídeles a tus amigos y vecinos que te presten todas las jarras vacías que puedan. Luego ve a tu casa con tus hijos y cierra la puerta. Vierte en las jarras el aceite de oliva que tienes en tu frasco y cuando se llenen ponlas a un lado. Entonces ella hizo lo que se le indicó. Sus hijos le traían las jarras y ella las llenaba una tras otra. ¡Pronto todas las jarras estaban llenas hasta el borde!—Tráeme otra jarra —le dijo a uno de sus hijos. — ¡Ya no hay más! —le respondió. Al instante, el aceite de oliva dejó de fluir. Cuando ella le contó al hombre de Dios lo que había sucedido, él le dijo: «Ahora vende el aceite de oliva y paga tus deudas; tú y tus hijos pueden vivir de lo que sobre».

Algunos puntos en que fijarnos. Primero el esposo de esta mujer era profeta. Con esto nos podemos imaginar que declaro profecías sobre miles de personas en su vida y trayectoria de su ministerio, sin embargo nunca vemos que profetizo el éxito de su propia familia. Esta mujer – madre y viuda no sabía que el potencial de la provisión estaba dentro de ella. Cuando alguien se le presento, un líder, y toco su potencial fue cuando ella vio que la provisión estaba allí. ¡Vio que su propósito estaba ligado a su prosperidad!

...personas minimizan el potencial que hay dentro de ellos.

La historia termina en una manera gloriosa. Una empresa del reino que no solamente pago sus deudas, sino también ella y sus hijos podrían vivir de ella.

Muchas personas minimizan el potencial que hay dentro de ellos. Muchos minimizan un talento que tienen, pero es muy probable que ese talento pueda ser un recurso o provisión de parte de Dios para prosperarte en toda área de tu vida.

La tercera parte es acerca de la provisión, es que la provisión es generacional. Miremos a Salmos 37:23-26:

El SEÑOR dirige los pasos de los justos; se deleita en cada detalle de su vida. Aunque tropiecen, nunca caerán, porque el SEÑOR los sostiene de la mano. Una vez fui joven, ahora soy anciano, sin embargo, nunca he visto abandonado al justo ni a sus hijos mendigando pan. Los justos siempre prestan con generosidad y sus hijos son una bendición.

Mendigando pan es pasar por necesidad. Es decir que el escritor de este Salmo nos está diciendo que en todos sus años de vida nunca había visto el justo abandonado, o dejado a un lado como una nada. El Salmista tampoco vio a los hijos de esta persona, su próxima generación, pasando por necesidad.

Tenemos que comenzar a entender que las promesas de Dios son nuestra provisión. ¡Dios nos ha dado promesas! En Deuteronomio 28:11-14 dice estas palabras:

El SEÑOR te dará prosperidad en la tierra que les juró a tus antepasados que te daría, te bendecirá con muchos hijos, gran cantidad de animales y cosechas abundantes. El SEÑOR enviará lluvias en el tiempo oportuno desde su inagotable tesoro en los cielos y bendecirá todo tu trabajo. Tú prestarás a muchas naciones pero jamás tendrás necesidad de pedirles prestado. Si escuchas los mandatos del SEÑOR tu Dios que te entrego hoy y los obedeces cuidadosamente, el SEÑOR te pondrá a la cabeza y no en la cola, y siempre estarás en la cima, nunca por debajo. No te apartes de ninguno de los mandatos que te entrego hoy, ni sigas a otros dioses ni les rindas culto.

Quizás piensas, "¿Ahora qué? ¿Me ha dado toda esta información acerca de la prosperidad (el curso favorable de las cosas; un estado floreciente, de crecimiento y aumento), pero como lo pongo en práctica? Me ha tenido captado desde el comienzo, pero ahora, ¿qué hago?"

Cuando fuimos niños teníamos algo que nos podría transportar por todo el mundo en un momento. Teníamos algo en la cual no existían las limitaciones. Teníamos algo a nuestra disponibilidad que otros también poseían pero solamente sabíamos como manejar lo nuestro. Cuando fuimos niños, o aun jóvenes podíamos visualizar algo y transportarnos dentro de esa visión, verlo y sentirlo. ¿A caso no sabes a que me refiero? Es nuestra imaginación. El lugar donde desarrollamos los sueños.

Cuando éramos niños nuestro carrito que solamente media 2″ por .5″, se convertía un carro ¿Y ahora qué hago? invencible. Con cada cosa que se chocaba o cualquier altura de caída el carro seguía invencible. Esto fue el resultado de nuestra imaginación.

Si eres dama, en tu etapa de adolescencia, quizás te imaginabas con ese muchacho. Caminando agarrados de la mano, o bailando. Posiblemente veías como tu mama cocinaba algo en su cocina, e imaginabas el día que lo harías por tu propia familia.

La pregunta es, "¿Y ahora qué hago?" Comienza a soñar de nuevo. Soñar en grande. La diferencia primordial en este instante es que tienes algo que te permite lograr el sueño. Primeramente, es Jesús. El reconocimiento de Jesús como tu único Señor y Salvador. Él es Aquel quien te llama a hacer cosas grandes. Por medio de Él tienes la unción, la capacitación, y el favor para lograr esa visión que ha depositado en ti. Dentro de ÉL está tu provisión.

Dentro del Él – Jesús – quien es el Verbo hecho carne, esta Su palabra. También en la Palabra está El.

Si no lo ha hecho, tome su PRIMER PASO –

Si usted está dispuesto a creerlo, dígale a Dios Padre, en sus propias palabras que usted cree que Jesús es el Hijo de Dios, nacido de una virgen, que murió por sus pecados y que resucito como lo prometió. Pídale dirección al Espíritu Santo quien el Padre mando para ser tu Consejero y Consolador.

La Biblia dice que los que ponen su fe en Jesús y hacen tal declaración son adoptados por Dios. ¡Eres hijo de Dios!

Sométase a Él en toda área de su vida, y deje que ÉL le de forma al sueño en ti por medio de Su Palabra y Su Espíritu. Él nunca promete que va a ser fácil, pero sí promete que si vivimos por lo que Él nos ha dicho, podemos ver los frutos de nuestra vida manifestarse y ser provisto, prosperado, y bendecido.

Si ya ha tomado el primer paso y la pregunta sigue siendo, "¿Qué hago?", le contestare con las palabras de Jesús en Juan 6 versículos 28-29 cuando le hicieron la misma pregunta: *¿Qué haremos para que obremos las obras de Dios? Respondió Jesús, y díjoles: Esta es la obra de Dios, que crees.*

La UNICA obra según Jesús que Dios requiere es que CREES. Creerle a Él. Creer que Él está para tu bien estar, y que el proceso no es para destrucción sino para éxito.

La vida prospera es la vida donde puedes creer que hay provisión para todo lo que necesitas. Si necesitas sabiduría para que tu alma prospere – la provisión esta. Si necesitas conocimiento de cómo cambiar tus hábitos de alimentación para que su cuerpo sea prosperado – provisión está allí. Si no sabes cómo comunicarte con otros para que tu vida social sea prosperada – provisión está allí. Si necesitas una manera de estrechar sus finanzas o una idea empresarial para que sus finanzas sean prosperadas – la provisión está allí.

No pretendo poder darte la contestación CLARA a cada situación, pero sí se adonde apuntarte y señalar adonde conseguirlo.

Tenemos que llegar al punto donde decidimos, que lo que dice la Palabra de Dios (en la Biblia) es la autoridad final en nuestras vidas. Circunstancias, pleitos, dudas, inseguridades no son la palabra final. Como creyente en este camino, él que tiene la **última palabra** es el Todopoderoso, el Rey de Reyes, el Señor de Señores, el Comienzo y el Fin, El Gran Yo Soy.

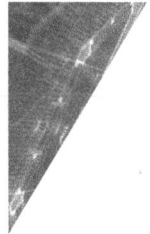

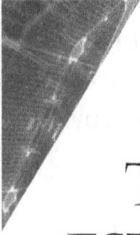

V

TU MAÑANA ESTÁ EN TU HOY

Cada uno de nosotros siempre busca saber ¿qué va a suceder mañana? Personas gastan su dinero en psíquicos y astrología, para poder captar una porción de su futuro.

Estamos obsesionados para descubrir nuestro futuro para poder saber lo que tenemos que hacer. Muchas personas miran la esperanza como su futuro, cuando realmente su esperanza es para hoy, no mañana.

En la Biblia en Números 13, hay algo muy interesante al final acerca de la percepción. Muchas veces, las personas no reciben todo lo que Dios tiene para ellos, y no es la culpa de Dios o el enemigo. La realidad es que la mayoría de las personas se auto-destruyen. Si lo podemos decir de esta forma muchas personas se destruyen a sí mismos.

La realidad es que muchos de nosotros ya estaríamos en el mismo lugar donde estamos ahora mismo, sin importar si hubiera un diablo o no. La razón es porque reusamos abrazar lo que Dios desea hacer en nuestras vidas.

En Números 13:32b-33 dice lo siguiente:

Y hablaron mal entre los hijos de Israel, de la tierra que habían reconocido, diciendo: La tierra por donde pasamos para reconocerla, es tierra que traga a sus moradores; y todo el pueblo que vimos en medio de ella son hombres de grande estatura. También vimos allí gigantes, hijos de Anac, raza de los gigantes, y éramos nosotros, a nuestro parecer, como langostas; y así les parecíamos a ellos.

En la versión de la Biblia, Nueva Traducción Viviente se lea de esta manera:

Entonces comenzaron a divulgar entre los israelitas el siguiente mal informe sobre la tierra: «La tierra que atravesamos y exploramos devorará a todo aquel que vaya a vivir allí. ¡Todos los habitantes que vimos son enormes! Hasta había gigantes, los descendientes de Anac. ¡Al lado de ellos nos sentíamos como saltamontes y así nos miraban ellos!».

Una de las cosas más grandes que podemos descubrir – es el poder ver las cosas desde la perspectiva de Dios. La percepción es algo poderoso. Siempre digo que tu percepción es tu realidad. La manera en que tú percibes las cosas, las amistades, las circunstancias, tus finanzas es tu realidad. Descubrimos tarde o temprano que somos **recibidos** por la manera en que somos **percibidos**.

Otra vez:

Descubrimos tarde o temprano que somos **recibidos en la vida** por la manera en que somos **percibidos**. Lo interesante de la percepción es que no tiene que ser verdad, de hecho la mayoría de las veces no es verdad o puede contener una verdad parcial.

Esto es muy claro cuando vemos el ejemplo de Jesús cuando se encuentra con la mujer samaritana al lado del pozo. Jesús era la personificación de los 5 ministerios, apóstol, profeta, evangelista, pastor y maestro. En Juan capítulo 4, se encuentra con la mujer samaritana y comienza a hablarle acerca de su vida. Le dijo que fuera a buscar a su marido. Ella le contesto que no tenía marido. Jesús le responde que tiene razón, no tiene marido, pero tiene 5 y ninguno de ellos son su marido. Es en ese entonces donde ella dice que percibes que Jesús es un profeta. Técnicamente, Jesús no fue profeta porque profetizó sino porque ocupo el oficio del profeta. La percepción de la mujer fue cambiada desde la manifestación de la unción profética. Fue después de esto, que Él le profetizo algo aún más profundo acerca de Jerusalén y Su identidad como el Mesías esperado.

Al acercarse a Jesús, Nicodemo le dijo que sabía que fue enviado para enseñarles. Como resultado, Jesús comenzó a enseñarle acerca del Reino de Dios. (Juan 3)

Eres recibido como eres percibido. No tan solamente esto, sino que vivirás tu vida basado en como percibes tu vida. No podrás vivir más allá de lo que crees. Tu vida nunca será mayor que tu sistema de creencia, porque tus acciones siempre seguirán tus creencias.

El problema con la religión, es que ella trata de cambiar la manera en que las personas actúan SIN primero, cambiar su sistema de creencia. Simplemente, la religión es un sistema de reglas que nadie puede cumplir en su totalidad. Siempre están tratando de imponer reglas para causar un cambio de acción o la manera en que una persona actúa. Cuando la verdad es que no puedes alterar las acciones o manera de ser de las personas, sin primero cambiar su manera de creer, o su percepción de ellos mismos.

La modificación de comportamiento NUNCA resulta en la imagen de Cristo, solamente produce la imagen de religión.

Nuestra percepción nos limitará en ver la mano de Dios en las circunstancias de la vida.

Hay personas dentro de la Iglesia que están tratando de modificar sus acciones, o comportamiento sin cambiar su sistema de creencias. Si tomas un bebe, nacido en la realeza y lo pones en una vecindad y le dices que es un esclavo, crecerá toda su vida pensando que es un esclavo y nunca podrá lograr algo fuera de la expectativa de un esclavo. Aunque fue nacido como rey, él nunca lo realizará porque no podrá superarse más allá de lo que él cree que es.

Ahora, ¿cuantos conocen hoy, que si no cambiamos la manera en que percibimos las cosas, nunca vamos a poder entrar en lo que Dios tiene para nosotros?

Nuestra percepción nos limitará en ver la mano de Dios en las circunstancias de la vida.

¿Recuerda Nicodemo, quien mencionamos anteriormente? Jesus le dice a Nicodemo que nadie podrá entrar en el Reino de Dios si no nace de agua y del Espíritu.

Jesus no le estaba diciendo que si nunca hiciste "la oración de salvación," no podrás ver el cielo o San Pedro. Jesus le estaba diciendo, que hasta que tengas un encuentro personal con el Espíritu de Dios, tú nunca vas a poder entender lo que está sucediendo en tu vida, o lo que Dios está tratando de hacer contigo.

Si no naces de nuevo, no vas a poder entender o percibir el Reino de Dios. Pensarás o creerás que solamente son las circunstancias, sin darte cuenta que pueden ser estrategias divinas. Pensarás que es solamente una casualidad, y no ver que puede ser una causa-divina.

El reto más grande en ti hoy, no está en quien tú eres, o quien tú eras antes. La mayoría de nosotros, entendemos que el enemigo puede tratar de tentarnos con nuestro pasado y lo hace, pero entendemos, que ya ese perro no morderá otra vez. Ya no hay una GRAN atracción a esa cosa.

El mayor reto de muchos hoy, es ¿quién soy? o ¿quién seré? El reto en sus vidas, siempre será en contra su potencial. El ataque es en contra de tu fe. El acusador fue vencido y también entendemos que su ataque siempre será distraernos de nuestro futuro o propósito. Podemos tener por seguro que hay algo grande al otro lado del reto.

Jesús pregunto si no creerían en Él a menos que no vieran señales milagrosas. ¿Porque hizo la pregunta? Porque Él sabía que el reto primordial, es que la gente aborta su fe y aborta el propósito en que fue llamado.

Tenemos que entender que **Dios no nos creó para una experiencia.** Él no me creo para solamente tener una experiencia. Déjame decirte algo, en tu iglesia hay mucho más que solamente una entrada, 4 canciones, una ofrenda y danzas. Dios no te creo, ni al ministerio adonde perteneces, para que puedas tener una experiencia. Él te creo a ti y el ministerio a que perteneces para cumplimiento de tu propósito y el propósito del ministerio.

En otras palabras Él te creo a ti; Él creo tu iglesia, para cumplir y finalizar la razón del "por qué" fuiste enviado a la tierra.

Dios dice en Isaías 55:

"mi palabra no vuelve a mí sin producir efecto, sino que hace lo que yo quiero y cumple o será prosperado en que fue enviado."

Tú y yo somos esa Palabra. Él declaro un propósito en ti desde antes la fundación del mundo. Esa declaración, que viene siendo nosotros, es Su palabra que no regresa a Él en vano. Por esta razón Dios está más interesado en que cumplas tu propósito que en tu comodidad.

¿Quieres hacer todo lo que Dios tiene para ti?

Dios es obligado en causar cosas en tu vida, a que te lleven a una posición donde llegues al final de tu mismo. Llegar al punto donde decimos, "Señor ya no puedo, ya esto es muy fuerte." En este instante que la experiencia causa que lleguemos a un nuevo nivel de dependencia en Él. Cuando logras decir, "Señor si tú no te haces presente, no vamos a poder hacerlo." Es por esta razón que se permitió llegarte cosas que parecieron tan difíciles. Fue en esa dificultad, en donde llegaste al punto de clamar – ¡SEÑOR, SOLAMENTE TÚ LO PUEDES HACER!

Es por **ESTA** razón que viste que nada te había salido bien. Es para llevarte a un lugar de total dependencia de Él. Muchos citan la escritura que dice, "diga el débil fuerte soy," o "en mis debilidades Él demuestra su fuerza." Estas escrituras son tremendas, pero tienen algo en común, tener que llegar al punto de tu debilidad, al punto final de ti mismo, para que Él pueda entrar y demostrarse fuerte a tu favor.

Prosperidad no es un concepto. Prosperidad no es algo que se puede tomar en poco. Prosperidad conlleva un proceso. Prosperidad, según la definición que hemos estado mencionando es; el curso favorable de las cosas; un estado floreciente, de crecimiento y aumento. Para poder crecer tienes que cambiar. Para poder llegar a un lugar que es favorable tienes que caminar. Sabes que, nosotros hemos logrado ser muy grandes en soñar. Somos GRANDES soñadores, pero somos ejecutores miserables de estrategias que lleven esos sueños a la realidad.

Nos hemos enamorado con el concepto de la prosperidad, pero no es un concepto. Tenemos demasiado conocimiento de cabeza que viene por la televisión, predicas de muchos, pero hermanos usted no van a hallar su trabajo de un millón de dólares, o la unción que deseas viendo una serie de televisión de predicadores, que han pasado por un proceso, que han tenido caminos que han solidificado su unción.

Nos hemos enamorado con el concepto de la prosperidad, pero tenemos que estar listos para abrazar el proceso al camino a la prosperidad, si verdaderamente deseamos que ella se manifieste en nuestras vidas.

Nos hemos enamorado, con tantos conceptos erróneos... Por alguna razón, pensamos que podemos sentarnos en un servicio de una hora, y acercarnos al apóstol o pastor para que nos imponga manos, entonces caer bajo el Espíritu, quedarnos allí por otros 30 minutos, y al fin levantarnos un gigante espiritual.

Nos hemos enamorado, con tantos conceptos erróneos.

Miren hermanos, ¡ESTO NO VA SUCEDER! No, comprometa su peinado, porque no va a suceder. Dios no está obligado en asignar, favor o prosperidad en tu vida mientras sigues operando en disfunción. Él quiere sacarte de tu disfunción, entonces pondrá favor sobre tu vida..

Muchos de nosotros pensamos, que Dios va a venir corriendo hacia nosotros porque estamos incomodos. La mayoría de las veces esa misma incomodidad, es Dios, deseando hacer que la imagen de Cristo sobresalga en nuestras vidas.

Miren - Dios no me necesita, pero desea colaborar conmigo. Al final del día, Él desea que reflejemos la imagen de Cristo.

Un día, unos muchachos se acercaron a Jesús y les da un denario, o una peseta. Les hace esta pregunta, ¿Qué haría con esto? Jesus, les contesta y dice, ¿pues de quien es la imagen en ella? Ellos dicen pues, de Cesar. Jesus les dice, pues darle a Cesar lo que es de Cesar, pero mientras lo haces dale a Dios lo que es de Él.

En otras palabras cuando tenemos la imagen de Dios o Cristo en nosotros, ya nuestra vida no es la nuestra. Es cuando tenemos que decir – **mi vida no es mía, sino suya Señor.**

La imagen de Cristo es cuando reflejamos lo que Él es, lo que Él hace y lo que Él dice. Para decirlo más claro, es el punto donde tú dices no soy yo quien vivo, sino Cristo es el que vive en mí. (Gálatas 2:20)

La clave es, como te percibes a tu mismo. ¿Percibes que Cristo está en ti, y que Él está viviendo en ti? Pues, si esto es usted su futuro está garantizado.

Tu futuro siempre está en tu presente. Lo que estás dispuesto a soltar hoy revela lo que Dios puede poner en tu vida mañana. Lo que estás dispuesto a dejar morir en tu vida hoy, revela lo que Dios puede hacer nacer en tu mañana. Tu mañana siempre está en tu hoy.

Tú eres ahora el resultado de las decisiones que tomaste ayer, y serás mañana el resultado de las decisiones que tomes ¡hoy!

De hecho, si estoy pasando tiempo corriendo en el mismo lugar, pisando pero no arrancando, ¿puede ser que el problema no es **con** Dios o **de** Dios?

¿Cuántos saben que cuando Dios decide promover a alguien, o llevarle al lugar de prosperidad, Él no está obligado en decirle antemano, "ok, aquí viene, lo que has esperado viene ahora"? ¡NO! Él permite circunstancias que parecen pequeñas y que aún tienen la apariencia de ser una equivocación de comunicación. La decisión que tomes en ese momento puede abrir la puerta a tu promoción.

Tu prosperidad – el curso favorable de las cosas, tu aumento y crecimiento; está en tu hoy no mañana.

El pueblo de Israel, tenía una percepción de quienes eran. No fue hasta cuando Josué se presentó que la percepción de saltamontes cambió a conquistadores, guerreros, personas de dominio.

Si hubo unas cosas que no captaste en este libro, ¡por favor capte esto! Ya no eres un saltamontes, sino un hijo e hija preparados para la prosperidad de Dios en tu vida.

Como hijos de Dios, la Biblia nos llama reyes y sacerdotes, con llamado santo para impactar un hogar, una comunidad, un estado, una región, una nación, y un mundo con la verdad que el diseño del Dios que suple es la prosperidad.

¡Son Bendecidos!

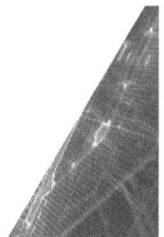